Ernst Raupach / Gaspari Spontini

# Agnes von Hohenstaufen

Große historisch-romantische Oper
in drei Aufzügen

(Großdruck)

Ernst Raupach / Gaspari Spontini: Agnes von Hohenstaufen. Große historisch-romantische Oper in drei Aufzügen (Großdruck)

Komponiert von Gaspare Spontini. Uraufführung am 12.06.1829, Königliches Opernhaus, Berlin.

Neuausgabe mit einer Biographie des Autors Herausgegeben von Theodor Borken Berlin 2019

Der Text dieser Ausgabe folgt: Gaspare Spontini: Agnes von Hohenstaufen. Große historisch-romantische Oper in 3 Aufzügen von E. Raupach, neu bearbeitet von Frh. Von Lichtenstein, Berlin: [o. V.], 1837.

Dieses Buch folgt in Rechtschreibung und Zeichensetzung obiger Textgrundlage.

Umschlaggestaltung von Thomas Schultz-Overhage unter Verwendung des Bildes: Bildnis des Gaspari Spontini (1774-1851), Opernkomponist und Generalmusikdirektor in Berlin, signiert, datiert Andreas Hall pinxit 1828

Gesetzt aus der Minion Pro, 16 pt, in lesefreundlichem Großdruck

ISBN 978-3-8478-3804-3

Die Deutsche Nationalbibliothek verzeichnet diese Publikation in der Deutschen Nationalbibliografie; detaillierte bibliografische Daten sind im Internet über www.dnb.de abrufbar.

Henricus Edition Deutsche Klassik UG (haftungsbeschränkt), Berlin
Herstellung: BoD – Books on Demand, Norderstedt

# Personen

Kaiser Heinrich VI., aus dem Hause Hohenstaufen

Philipp, sein Bruder

Irmengard, Pfalzgräfin am Rhein, Gemahlin Conrads von Hohenstaufen, Oheims des Kaisers

Agnes, ihre Tochter

Philipp August, König von Frankreich, unter dem Namen: Herzog von Burgund, als sein eigener Gesandte

Heinrich der Löwe, Herzog von Braunschweig

Heinrich, dessen Sohn

Der Erzbischof von Mainz

Der Burggraf des Kaisers

Theobald, ein vertrauter Diener Heinrichs des Löwen

Deutsche Fürsten, Ritter und Prälaten

Frauen der Pfalzgräfin

Französische Ritter und Troubadours

Deutsche und französische Edelknaben

Kaiserliche Marschälle und Herolde

Kampfrichter. Feldhauptleute. Masken

Balletpersonal zur pantominischen Darstellung der Verbindung des Rheins mit der Seine

Ritter und Hoffräuleins beim Kampfspiel

Kaiserliche Dienerschaft. Trabanten

Krieger Heinrichs des Löwen. Wache. Volk

*Die Handlung geht vor zu Mainz im Frühjahr 1194.*

## Personen des allegorischen Ballets des ersten Aufzugs, die Vereinigung des Rheins mit der Seine darstellend

Venus

Das Sinnbild des Rheins

Das Sinnbild der Seine

Hymen

Amor

Die Grazien

Die Sinnbilder deutschen Heldenmuthes

Die Sinnbilder des rheinischen Weinbaues

Gefolge der Seine

Gefolge des Rheins

## Personen des Kampfspiels im dritten Aufzug

Ritter

Ritterfräuleins

# Erster Aufzug

Offener Thronsaal in der kaiserlichen Pfalz zu Mainz. – Vorn zur Rechten der kaiserliche Thron; zur Linken auf einigen Stufen, ein reich ausgeschmückter Sitz für die Pfalzgräfin.

## Erster Auftritt

*Der Kaiser, Philipp, Fürsten, der Erzbischof von Mainz, Prälaten. Irmengard, umgeben von ihren Frauen. Deutsche Ritter. Kaiserliche Marschälle. Herolde. Später der Burggraf.*

ALLGEMEINER CHOR.
    Es schwebe der Adler
    Des heiligen Reiches,
    Mit siegenden Schwingen
    In Welschlands Gefild!
    Er bringe Verderben
    Dem Meutrergeschlechte,
    Und werde den Treuen
    Ein deckender Schild!
KAISER *zu den Fürsten.*
    So schwöret beim Klange
    Der Kriegesdrommeten.
    Zu folgen dem Adler
    Des heiligen Reichs.

    *Zugleich.*

IRMENGARD *zu den Fürsten.*

Ja eilt zu erkämpfen

Siciliens Thron!

PHILIPP.

Auf, laßt uns erkämpfen

Siciliens Thron!

CHOR DER FÜRSTEN UND RITTER.

Wir folgen dem Adler

Des heiligen Reiches,

Zu blutigen Kämpfen

In Welschlands Gefild.

Wir bringen Verderben

Dem Meutrergeschlechte,

Und werden den Treuen

Ein deckender Schild!

CHOR DER FRAUEN.

Es schwebe der Adler

Des heiligen Reiches,

Mit siegenden Schwingen

In Welschlands Gefild!

Er bringe Verderben

Dem Meutrergeschlechte,

Und werde den Treuen

Ein deckender Schild!

KAISER.

Den Segen, Erzbischof, für uns're Waffen!

CHOR DER FRAUEN *zu den Fürsten und Rittern.*

Gedenket im Kampfe

Des Rittergelübdes!

Den Frauen und Schwachen

Seid gütig und mild.

FÜRSTEN UND RITTER.

> Gedenkend im Kampfe
> Des Rittergelübdes,
> Ist Frauen und Schwachen
> Der Tapfere mild.

ERZBISCHOF.

> Des Himmels Segen der gerechten Sache!
> Ja, Euren Bannern wird er Sieg verleih'n,
> Vergeßt Ihr nie im Kampfe Christ zu sein!

FÜRSTEN UND RITTER.

> Die Sonne wird schauen
> In purpurnen Wellen,
> Im Blut der Rebellen
> Ihr glühendes Bild.

CHOR DER FRAUEN.

> Die Sonne wird schauen
> Die Flucht der Rebellen
> Von Mauern, von Wällen,
> Vom Ruhmesgefild!

KAISER.

> So sei's! –
> Siciliens König, Tancred ist nicht mehr:
> Für unser Erbe kämpfe jetzt das Schwert.
> Die Kaiserin mit unserm Oheim Conrad
> Und einem Heer jenseits der Alpen schon,
> Begehren dringend unsern schnellen Aufbruch.
> Zuvor jedoch erneu'n wir gegen Heinrich,
> Vormals der Sachsen und der Baiern Herzog,
> Ja gegen des Rebellen ganz Geschlecht,
> Hochfeierlich hiemit des Reiches Acht!

DER BURGGRAF

> Entehrt sind Wappen und Panier des Löwen.

IRMENGARD *für sich.*

Weh! arme Tochter!

PHILIPP *eben so.*

Unglücksel'ger Freund!

KAISER.

Obgleich ein Greis, ist er, das Haupt der Welfen,
Des Bannes spottend, als Empörer jüngst
Von Albions Küste wieder heimgekehrt,
Und wagt's, da Meut'rer sich ihm zugesellt,
Im offnen Kampf uns, seinem Herrn, zu trotzen! –
Gelobt auf dieses Schwert, zu strafen den Verbrecher,
Zu fechten für des Kaisers Recht!

ALLE FÜRSTEN UND RITTER.

Wir schwören,
Zu fechten für des Kaisers Recht!

IRMENGARD *wendet sich zum Kaiser.*

Erhab'ner Herr! eh' zwischen Hohenstaufen
Und Welfen dieses Hasses Glut entbrannte,
Ward Agnes, nach dem Willen Eures Vaters,
Dem jüngern Welfen, Heinrich, zugesagt
Und feierlich verlobt! Soll nun die Acht
Den Bund zerreißen?

KAISER.

Nicht die Acht zerreißt ihn,
Zerrissen hat schon längst ihn unser Wille.

PHILIPP *zum Kaiser.*

Vergeßt Ihr, daß mein theurer Waffenbruder
Für Euch in Welschland focht, die Kaiserkrone
Auf's Haupt Euch setzen half, für Eure Größe
Sein Blut verspritzte vor Neapels Mauern?

KAISER.

Vergißt du, daß er schändlich mich verließ,

Daß gegen Frankreichs König er gefochten
Für den gefang'nen Richard, unsern Feind?
IRMENGARD.
Ihr hattet ihn verbannt. – Nun schmachtet er
In einem Kerker Frankreichs schwer verwundet.
KAISER.
Genug von ihm!

*Zu den Fürsten und Rittern.*

Ihr wißt, was Ihr geschworen.
FÜRSTEN UND RITTER.
Und wiederholen unsern Schwur!
IRMENGARD *zum Kaiser.*
Erbarmen! –
O, schont in Heinrich meiner Agnes Leben.

*Arie.*

*Zu den Fürsten.*

Ja, Deutschlands Helden! ja, tragt die Fahnen
Jenseits der Alpen steiler Wand.
Eilt unserm Kaiser den Weg zu bahnen
Zu Ruhm und Sieg im fremden Land.
FÜRSTEN UND RITTER *fallen begleitend ein.*
Wir sind bereit ihm den Weg zu bahnen,
Zu Ruhm und Sieg im fremden Land.
IRMENGARD.
Doch verlassen, fern, im Kerker schmachtet
Ein uns so theurer Fürstensohn;
Ihn zu befrei'n, zu retten trachtet,

Naht flehend Euch mit mir dem Thron!
Er werde wieder uns gegeben,
Erkämpfe sich den Siegerkranz,
An ihm hängt meiner Agnes Leben,
Hängt eines Fürstenhauses Glanz.

DER BURGGRAF *nachdem ihm ein eingetretener Herold die An-
kunft der französischen Gesandtschaft gemeldet.*
So eben nahet Frankreichs Abgesandter.

KAISER.
Er sei willkommen.

*Zu den Marschällen.*

Geht, ihn zu empfangen.

## Zweiter Auftritt

*Vorige. Französische Edelknaben, Troubadours. Der König von
Frankreich, als sein eigener Gesandter. Französische Ritter, die
ihm folgen.*

CHOR *der französischen Ritter, Troubadours und Edelknaben.*
Den mächtigen Herrscher, die beste der Frauen,
Wir grüßen sie mit Jubelgesang,
Und die wir im glänzenden Kreise hier schauen,
Die edlen Ritter und lieblichen Frauen,
Sie grüße der Laute freundlicher Klang.

KÖNIG *zum Kaiser.*
Des Kaisers Majestät entbeut mein Herr,
Der König Frankreichs, ehrerbiet'gen Gruß.

KAISER.

Nehmt unsern Dank für Euern würd'gen Herrn.

KÖNIG.

Dies Schreiben, Herr, befahl der König mir

Zu legen in die kaiserliche Hand.

*Indem auf seinen Wink die französischen Edelknaben die
Geschenke den kaiserlichen Marschällen übergeben, welche sie
dem Kaiser und Irmengard überreichen.*

Empfanget gnädig, was mein Herr gesandt.

IRMENGARD.

Mit Freuden, Herr, aus solches Boten Hand.

KÖNIG.

Die Gnade, fühl' ich, wohnt in diesen Hallen.

IRMENGARD.

So mög's in uns'rer Heimath Euch gefallen.

KÖNIG.

Vereinen mög' uns bald ein festes Band

DEUTSCHE RITTER UND FRAUEN.

Willkommen in unsers Kaisers Hallen!

Willkommne Gäste zieht Ihr ein,

Und wie an der Seine mög's Euch gefallen

Am grünen deutschen Rhein.

FRANZÖSISCHE RITTER, TROUBADOURS UND EDELKNABEN.

Den mächtigen Herrscher, die beste der Frauen,

Wir grüßen sie mit Jubelgesang,

Und die wir im glänzenden Kreise hier schauen,

Die edlen Ritter und lieblichen Frauen,

Sie grüße der Laute freundlicher Klang.

KÖNIG *wendet sich zum Kaiser.*

Jetzt richte ich in meines Königs Namen

11

Noch ein Gesuch an Euch. – Als Frankreichs Heer
Den stolzen Richard Löwenherz besiegte,
Ward auch in jener blut'gen Schlacht, der Sohn
Des alten Löwen Frankreichs Kriegsgefang'ner,
Dem Tode nah, bedeckt mit Wunden nahm
Ihn Frankreichs König auf; im Feinde ehrte
Er selt'ne Tapferkeit, und hofft, daß Ihr
Verzeihung ihm und Wiederkehr gewährt.

KAISER.

Umsonst hofft Ihr für diesen Meutrer Gnade,
Die Reichsacht ist erklärt, es bleibt dabei.

IRMENGARD UND PHILIPP *für sich.*

Unglücksel'ger Heinrich!

KAISER.

Nun, edler Herzog von Burgund, willkommen.
Die Fürsten luden wir zu einem Feste,
Seid Ihr nun der willkommenste der Gäste.

ALLGEMEINER CHOR, DEUTSCHE FÜRSTEN UND RITTER.

Dort findet Ihr bei deutschem Rebenblut

FRANZÖSISCHE RITTER UND TROUBADOURS.

Dort finden wir bei deutschem Rebenblut

ALLE.

Auch deutsche Schönheit, deutschen Heldenmuth!


*Alle ab.*

# Dritter Auftritt

*Philipp, der zurückgeblieben. Bald nachher Heinrich ungesehen.*

PHILIPP.

>Grausamer Bruder! – Wie? der Mutter Thränen,
>Des Freundes Bitten blieben ungehört? –
>Ja selbst die Gnade, welche Frankreichs König,
>Für Heinrich sich erbat, versagtest Du? –
>Ach, schwer verwundet er im Kerker schmachtet!

HEINRICH *ungesehen zur Laute singend.*

### *Romanze.*

>Wem kann ich die Schmerzen der Liebe vertrauen?
>Dir Freundin von lieblichem Klang.

PHILIPP

>Ha, welcher Stimme Ton? – Ein Troubadour.

HEINRICH *wie vorher.*

>Denn die ich ersehne, wo soll ich sie schauen?
>Wo soll ich sie finden, die schönste der Frauen,
>Ihr klagen der Seele glühenden Drang?

PHILIPP *noch während des Gesanges.*

>Vielleicht, daß dieser Troubadour mir Kunde
>Von Heinrich geben kann! – – –
>Ich wag's ihn anzureden.

# Vierter Auftritt

*Philipp. Heinrich.*

PHILIPP

    Gott! er selbst!

HEINRICH.

    Erkenne mich!

PHILIPP.

    Du, theurer Waffenbruder,

    In diesen Mauern, wo der Tod dir droht?

    Wo gegen dich heut Bann und Acht erneut?! –

    Dein Leben ist verwirkt! –

HEINRICH.

    Ich ruh' in Freundes Arm!

PHILIPP.

    Wie konntest du entflieh'n?

HEINRICH.

    Als Troubadour,

    Wie du mich siehst, bin heimlich ich gekommen

    In dem Geleit des Herzogs von Burgund;

    Doch hab' ich ihn und er mich nie gesehn.

    Die Welfen nah'n – des Kaisers Heer in Welschland – –

    Nichts rettet ihn vor ihrer Übermacht;

    Drum eil' ich schnell in's Lager meines Vaters,

    Ihn anzufleh'n, daß er sich unterwerfe.

PHILIPP.

    Großherz'ger, edler Freund, so eile denn!

HEINRICH.

    Zuvor zu Agnes! – Ach sie wiedersehn!

PHILIPP.

So weißt du nicht was Frankreichs Bote will?

Er wirbt um Agnes Hand für seinen Herrn.

HEINRICH.

Wie, Er, der Kaiser, raubt mein Alles mir?

Beim ew'gen Gott, es darf nicht sein!

*Arie.*

Dem Leben will ich gern entsagen

Doch meiner Agnes nimmerdar!

Ihr Blick soll nicht mehr für mich tagen?

Ihr Rosenmund mir nicht mehr sagen,

Was schon des Jünglings Wonne war?

Ich schau'te trunk'nen Blicks des Paradieses Freuden,

Und soll sie nun auf ewig meiden?

Kein Cherub ist's, kein Flammenschwert,

Das mich von Edens Schwelle wehrt. –

Ich will den Blüthenkranz erringen,

Den freundlich mir das Schicksal wand! –

Tyrann! Du sollst es nicht vollbringen,

Der Tod allein löst dieses Band!

PHILIPP.

Nicht der Verzweiflung gieb dich hin, entflieh'!

HEINRICH.

Vorher zu Agnes.

PHILIPP.

Flieh!

HEINRICH *verzweifelnd.*

Grausamer Freund!

Du widerstehst? – So willst du meinen Tod!

PHILIPP

Wohlan! mein Leben gilt's, – doch sei's! – zu Agnes!

HEINRICH.

Die Freundschaft siegt!

PHILIPP.

Gedenkst du noch des Schwurs?

*Duett.*

PHILIPP.

Als wir, von Blut umflossen,

Den Bund der Waffen schlossen,

Da ward ich dein, du mein!

HEINRICH.

Als wir im Feld der Todten

Die Bruderhand uns boten,

Da galt das Herz allein.

BEIDE.

Dies Band soll ewig binden!

So soll der Tod uns finden

Auf uns'rer letzten Wacht.

Und wenn kein Tag mehr scheinet,

So schlafen wir vereinet

In eines Zeltes Nacht.

*Beide Arm in Arm ab.*

*Verwandlung.*

*Agnesens Gemach.*

# Fünfter Auftritt

*Agnes und ihre Begleiterinnen.*

*Gesang.*

AGNES.

    Als der Zephir flog vorüber,

    Bat ich ihn: O bringe, Lieber,

    Diesen Gruß dem Süßen mein!

    Doch er sprach: ich kann nicht weilen,

    Zu den Blumen muß ich eilen;

    Kann dein Bote nimmer sein.

    Doch er sprach:

    Ich kann nicht weilen,

    Zu den Blumen muß ich eilen

    Kann dein Bote nimmer sein.

DIE BEGLEITERINNEN.

    Ich kann nicht weilen,

    Zu den Blumen muß ich eilen;

    Kann dein Bote nimmer sein.

AGNES.

    Als ich sah die Welle rinnen,

    Und mein Bild erblickte drinnen,

    Bat ich: bring's dem Süßen mein!

    Doch sie sprach: Ich kann nicht weilen,

    Zu dem Meertanz muß ich eilen;

    Kann dein Bote nimmer sein.

    Doch sie sprach:

    Ich kann nicht weilen,

    Zu dem Meertanz muß ich eilen;

Kann dein Bote nimmer sein.

DIE BEGLEITERINNEN.

Ich kann nicht weilen,

Zu dem Meertanz muß ich eilen,

Kann dein Bote nimmer sein.

AGNES MIT DEM CHOR.

Jedes folgt nur seinem Triebe,

Jedes eilt zu seiner Liebe,

Will mein / dein Bote nimmer sein.

Darum muß ich / mußt du die behenden,

Willigen Gedanken senden

Stündlich zu dem Süßen mein! / dein!

## Sechster Auftritt

*Vorige. Irmengard.*

IRMENGARD

Deine Laute hört' ich klagen.

AGNES.

Ach sie klagt um den geliebten Freund,

Den mein Aug' vielleicht nie wiedersieht.

IRMENGARD.

Wär' dir Trost zu bringen mir vergönnt!

Aber ach! es kann nur theilen

Dieses Leid mein treues Mutterherz!

*Duett.*

AGNES.

Nur bei dir find ich Erbarmen;

Andre Tröstung kenn' ich nicht.
Laß mich ruh'n in deinen Armen,
Bis mein Herz verzweifelnd bricht.

IRMENGARD.

Schenke Gott dir theuerm Kinde
Süße Hoffnung und Geduld,
Und daß nie der Muth dir schwinde,
Baue auf des Himmels Huld.

AGNES.

Mutter, ja! dem will ich trauen,
Der des Schicksals Wage hält,
Und empor zum Himmel schauen,
Wenn mir Gram den Busen schwellt.
Des Geliebten theures Leben
Ach erhalte mir Geschick!
Wieder sei er mir gegeben,
Und mir strahlet neues Glück.

IRMENGARD.

Ja, mein Kind, ihm mußt du trauen
Der des Schicksals Wage hält,
Und empor zum Himmel schauen,
Wenn dir Gram den Busen schwellt.
Deines theuern Heinrichs Leben
Wird erhalten das Geschick;
Er wird dir zurückgegeben,
Und dir strahlet neues Glück!

# Siebenter Auftritt

*Vorige. Heinrich noch als Troubadour gekleidet. Bald nachher Philipp.*

HEINRICH

Sie sind es! – O Gott! – wie soll ich dir danken?

IRMENGARD

Wie, Troubadour, – Du wagst –?

HEINRICH.

Kennt Irmengard mich nicht?

IRMENGARD.

Gott! Heinrich hier?!

AGNES.

Du wärst es? – Du bist es, o Himmel! wanken

Die Sinne mir? –

HEINRICH *zu Agnes.*

Ich bin's, Dein Heinrich lebt!

QUARTETT.

Verehrte Herrin! – Agnes! – o vergebt!

IRMENGARD.

Was uns beglückt, wie gern vergeb' ich's Dir!

AGNES.

Das höchste Glück, Geliebter bringst Du mir!

PHILIPP.

Ich seh' Euch hier vereint mit Bangen,

Denn ach, es droht Euch trübe Nacht!

HEINRICH.

So ist der Tag mir aufgegangen,

Nach dreier Jahre trüber Nacht.

AGNES *zu Heinrich.*

Wie oft mit Sehnsucht und mit Bangen

Hab' ich, Geliebter, Dein gedacht.

IRMENGARD.

Gar oft, mit Sehnsucht und mit Bangen

Hat des Entfernten sie gedacht.

AGNES.

Ich weiß, daß du als Held gestritten,

Doch blutig war der Lorbeerkranz.

HEINRICH.

Als Traum vergeht, was ich gelitten,

Denn mich umstrahlt der Liebe Glanz.

IRMENGARD.

Lang' hat das Leid mit uns gestritten,

Jetzt windet Freude uns den Kranz!

PHILIPP *für sich.*

Vergessen ist was er gelitten,

Denn ihn umstrahlt der Liebe Glanz.

AGNES UND HEINRICH.

Die Sonne ist nun aufgegangen,

Die uns'rer Liebe Himmel schmückt,

Kein Sehnen mehr, kein Schmerz, kein Bangen,

Seit wieder Aug' in Auge blickt!

ALLE VIER.

Es hat für uns / sie die Welt sich wieder

Gehüllet in ihr Strahlenkleid.

O senke deinen Fittig nieder,

Und weil'! o weile, schöne Zeit!

HEINRICH.

Umsonst! die Zeit des Glücks ist fern entfloh'n,

Die Trennungsstunde drängt!

AGNES.

Wie, neue Trennung?

*Trompetenruf, dann Geräusch von außen.*

PHILIPP *zu Heinrich.*

Schon tönt zum Fest das Zeichen. – Flieh, man kommt!

HEINRICH.

In's Lager meines Vaters! –

IRMENGARD.

Wie! als Feind? – –

PHILIPP.

Hörst Du? – schnell fort! – –

AGNES.

Ich sterbe, wenn man Dich

Erkennt!

HEINRICH.

Mich schützt dies Kleid! Lebt wohl!

IRMENGARD UND PHILIPP.

Leb' wohl!

AGNES.

Auf ewig!

*Heinrich eilt durch die Seitenthüre ab.*

# Achter Auftritt

*Vorige, ohne Heinrich. Fürsten.*

FÜRSTEN.

Wir kommen, Euch Herrin, zum Fest zu geleiten,

Der Kaiser befahl es.

IRMENGARD.

Ihr seht uns bereit.

ERSTER UND ZWEITER FÜRST *leise und geheimnißvoll zu Irmen-*
*gard.*

Vor allen vernehmet die wichtige Kunde, –

DRITTER UND VIERTER FÜRST *eben so einfallend.*

Es nahet dem Rheine mit furchtbarem Heere

Sich Heinrich der Löwe.

AGNES UND IRMENGARD.

Ha, schreckliche Kunde!

ANDERE FÜRSTEN *wie die Vorigen.*

Um blutige Unbill am Kaiser zu rächen.

DIE ERSTEN.

Er findet Genossen.

PHILIPP *für sich.*

Doch auch den Versöhner.

FÜRSTEN.

Er schmachtet im Banne.

ANDERE.

In Fesseln der Sohn!

AGNES UND IRMENGARD.

Unselige Fehde!

FÜRSTEN *zu Agnes.*

Nun müßt Ihr entsagen

Dem früher Verlobten, nichts rettet ihn mehr.

AGNES *für sich.*

Nicht wird der Geliebte dem Tode entgeh'n!

IRMENGARD UND PHILIPP *für sich.*

O, wenn man ihn fände, wärs um ihn gescheh'n.

FÜRSTEN.

Es löset die Reichsacht das ält're Versprechen.

AGNES *zu Irmengard.*

O Mutter! o Mutter! wie trag ich die Pein?

Ach wäre doch Agnes das Opfer allein!

IRMENGARD.

Verbirg deine Thränen, sie mehren die Pein,

Durch Vorsicht erlangen wir Rettung allein.

PHILIPP *zu Agnes.*

Verbergt Eure Thränen, sie mehren die Pein,

Durch Vorsicht erlanget ihr Rettung allein!

FÜRSTEN UND RITTER *zu Agnes.*

Verbergt Eure Thränen, seid heiter zum Schein,

Denn Vorsicht erringet Euch Rettung allein.


*Irmengard wird von Philipp, Agnes von einem der Fürsten*
*abgeführt. Die gegen den Schluß des Gesanges*
*herbeigekommenen Frauen Irmengard's*
*folgen mit den Fürsten und Rittern.*


*Verwandlung.*


*Glänzend erleuchteter Festsaal. In der Mitte des Hintergrundes*
*der kaiserliche Thron auf einer Erhöhung, zu der mit reichen*
*Teppichen belegte Stufen führen. Auf beiden Seiten Estraden*
*für die Fürsten und Frauen.*

# Neunter Auftritt

*Der Kaiser. Fürsten. Frauen. Deutsche und französische Ritter.*
*Troubadours. Kaiserlicher Hofstaat. Masken.*

ALLGEMEINER CHOR.
    Es füllt den Saal mit Tageshelle
    Der Kerzen tausendfacher Schein;
    Die Freude weilet auf der Schwelle
    Und winket lächelnd: kommt herein!

    Und durch die goldne Pforte ziehet
    Der Gäste ungemess'ne Zahl;
    Und wie die Flur im Lenz erblühet,
    So schmücket Farbenpracht den Saal.

    Auch aus der Fabel heitern Zonen
    Erscheinen sie zum Festestanz;
    Selbst die im Reich der Träume wohnen,
    Sie wandeln hier im Kerzenglanz.

# Zehnter Auftritt

*Irmengard. Agnes. Der König. Philipp. Die noch nicht*
*anwesenden Fürsten kommen während des Chors, dann das*
*Balletpersonal, zuletzt Heinrich. Deutsche und französische*
*Edelknaben. Kaiserliches Gefolge.*

CHOR *sobald der Hof erscheint.*
    Willkommen Sonne mit den Sternen;

O Glanzesfülle! Lichtespracht!
Du leuchtest in Hesperiens Fernen
Und in des Nordens langer Nacht.

*Ballet, die Vermählung des Rheins mit der Seine, allegorisch
darstellend. Sobald dasselbe endet, kömmt der Kaiser mit den
übrigen zum Hofe gehörigen Personen in den Saal herab. –
Heinrich tritt, schwarz verlarvt, von der linken Seite ein, mischt
sich unter die übrigen Masken und hört das Folgende mit an.*

KAISER *zu den ihn umgebenden Fürsten und Rittern.*
   Noch reicher soll der Quell des Jubels fließen!

*Auf Agnes zeigend.*

Ihr könnt hier eine Königsbraut begrüßen,
Denn Frankreichs Herrscher wirbt um ihre Hand;
Wir und der Vater billigen dies Band.

*Größtentheils zugleich.*

CHOR.
   Der Fürstin Heil! o freudenvolle Kunde!
AGNES *leise zu Irmengard.*
   O Mutter! hörst du diesen Todesspruch?
IRMENGARD *ebenso zu Agnes.*
   Getrost mein Kind, sie sollen's nicht vollenden.
HEINRICH *für sich.*
   Die Stifter dieses Bundes treffe Fluch!
PHILIPP *für sich.*
   Weh', armer Freund, nichts kann dein Schicksal wenden!

26

KAISER *für sich.*

Es scheint, als ob wir wenig Dank hier fänden.

KÖNIG *für sich.*

Was muß ich seh'n? – nur Staunen giebt sich kund.


*Zu Agnes.*


Wir huld'gen, Herrin, Euch mit Herz und Mund.

CHOR DER FRANZ. RITTER UND TROUBADOURS.

O, glücklich Frankreich, das Euch krönet

Mit seinem gold'nen Lilienkranz!

Das Höchste selbst, den Thron, verschönet

Der Frauenmilde sanfter Glanz.

KAISER.

Auf, auf zum Tanz! beginnt den deutschen Reigen!


*Final.*


CHOR DER DEUTSCHEN.

Der fremde Tanz zerrinnt, die fremden Töne schweigen;

Die alte Weise klingt, die deutsche Lust erfand;

Es ziehet feierlich der ächte deutsche Reigen

Durch dieser Säle Raum sein farbig wogend Band.

HEINRICH *für sich.*

Der Schlag ist gefallen, der Fluch ist gesprochen,

Das Leben vernichtet, die Seele gebrochen,

So reiße denn jedes noch fesselnde Band!

Das ist kein ewiges Schicksal von oben:

Ein Schicksal, das Menschenhände gewoben,

Zerstören kann es des Menschen Hand!

KÖNIG *kömmt mit Agnes aus dem Gedränge auf den Vorgrund.*

Wollt Ihr sogar Gehör mir versagen?

Raubt Ihr die schmeichelnde Hoffnung mir?

AGNES.

Ach, bestürmt mich nicht länger mit Klagen,

Und erlasset die Antwort mir.

IRMENGARD, PHILIPP UND EINIGE FÜRSTEN *beobachten*
*mißtrauisch Heinrichs auffallendes Benehmen.*

Seltsam ist jener Maske Betragen,

Fremd scheint des Hofes Sitte ihr.

CHOR.

Der Spender dieser Lust, der mächt'ge Kaiser lebe!

Es blüh' im ew'gen Glanz das hohe Herrscherhaus!

Der königliche Baum der Hohenstaufen strebe

In's leichte Aetherreich, in's Sternenfeld hinaus!

KÖNIG *immer dringender zu Agnes.*

Der Jahre Flüchtigkeit würd' ich beklagen,

Und grausam wollt Minuten Ihr versagen,

Ja, selbst den Augenblick? –

AGNES.

Ihr spottet, Herr, was könnt' ich Euch versagen,

Das würdig wäre, Leid darum zu tragen?

O, kommt zum Fest zurück!

HEINRICH.

Ha, soll er das vor meinen Augen wagen?

Beim Himmel! nein! ich will's nicht länger tragen,

Nicht einen Augenblick!

IRMENGARD UND PHILIPP.

Näher scheint sich die Maske zu wagen,

Drohender Haltung lauscht sie dort.

DIE FÜRSTEN.

Näher scheint sich die Maske zu wagen,

Eifrig erlauschend jedes Wort.

HEINRICH *zwischen Agnes und den König tretend, zu letzterem.*

Ein Wort mit Euch.
KÖNIG.

Kein Wort mit Euch!
HEINRICH.

Ihr müßt mich hören!
KÖNIG.

Wie, Verwegner?
HEINRICH.

Ihr geht zu weit, mißbraucht des Königs Recht!
KÖNIG.

Ha, frecher Mund! – Wer seid Ihr? sprecht!
HEINRICH.

Kein Wüstling von der Seine Strand.
KÖNIG.

Ihr wagt zu schmäh'n mein Volk, mein Land?
HEINRICH.

Schimpf Euch und ihm!
KÖNIG.

Schwer sollte meine Hand

Dich züchtigen an and'rem Ort!
HEINRICH.

Mich zücht'gen? – Blut für dieses Wort!

*Er dringt mit gezogenem Schwert auf den König ein, auch dieser zieht das Seinige, sich zu vertheidigen. Philipp, deutsche und französische Ritter treten dazwischen. Allgemeine Bewegung.*

ALLE UMSTEHENDE.

Halt ein! Halt ein!
DIE FRANZÖSISCHEN RITTER.

Wißt, der Gesandte – –

KÖNIG *einfallend.*

Schweigt!

CHOR *den Kaiser gewahrend.*

Der Kaiser! Freie Bahn!

KAISER.

Die Schwerter weg!

PHILIPP *zu Heinrich.*

Wer bist Du, der es wagt? – Entlarve dich!

Ha, Heinrich! Gott!

AGNES, IRMENGARD, DIE FRAUEN.

Weh, Heinrich ist's!

CHOR.

Wie, Heinrich ist's!

DIE FRAUEN.

Barmherz'ger Gott!

KAISER *mit dem Chor.*

Des Welfen Sohn?

KÖNIG.

Philipp Augusts Gefangener?

KAISER *zu Heinrich.*

Du hier! – – Verbannt! – Geächtet! – Frankreichs Haft
Entsprungen! – Mörder jetzt! – – –


# Eilfter Auftritt


*Vorige. Der Burggraf, hinter ihm Theobald in der Kleidung
eines kaiserlichen Kriegers, gefesselt und von zwei Trabanten
begleitet.*


BURGGRAF *ein Schreiben emporhaltend.*

Und Hochverräther!

Dies Blatt vom Löwen an den Sohn fand man
Bei diesem –

*Überreicht das Schreiben dem Kaiser, indem er Theobald*
*bezeichnet.*

HEINRICH
Theobald, mein treuer Diener!
KAISER *nachdem er das Schreiben gelesen.*
Wie, der Löwe Meister schon des Rheins,
Und uns're Vorhut greift er tollkühn an?
THEOBALD.
Des Vaters That, sie blieb ihm fremd, ich schwör's!
HEINRICH.
Du mordest Deinen Sohn, o Vater!
KAISER.
Fürsten!
Jetzt gilt's zu halten Euren Schwur! – Trabanten,
Ergreifet ihn, dem Schwert ist er verfallen!
FÜRSTEN.
Nein, nicht das Schwert, die Fürsten werden sprechen,
Er ist ein Fürst! Ihn richtet unser Recht!
KAISER.
Nicht Euer Recht, zu groß ist sein Verbrechen!
HEINRICH.
Unschuldig bin ich! hier mein Haupt als Pfand!
KAISER.
Verfallen ist dein Haupt!
ALLE.
O Gnade, Herr!
KAISER.
Wer's wagt für ihn zu sprechen,

Erzürnet unsre Macht!
Solch Majestätsverbrechen
Kann nur vollgültig rächen
Des Todes ew'ge Nacht!

KÖNIG *zum Kaiser.*

Nicht folge dem Verbrechen
So schnell die Todesnacht!
Erst muß ich an ihm rächen
Sein schmähliches Verbrechen,
Dann folge Bann und Acht.

IRMENGARD *zu Agnes.*

Er darf so schwer nicht rächen
Was heißes Blut vollbracht.
Nichts soll den Glauben schwächen!
Wenn alle Stützen brechen
Hält uns der Fürsten Macht.

AGNES.

Wer darf noch thöricht sprechen,
Daß dort ein Engel wacht?
Du willst, o Herz! nicht brechen?
Erstirb in Thränenbächen:
Ringsum ist Grabesnacht!

PHILIPP *zu Heinrich.*

Dein Weh ist mein Verbrechen;
Ich stieß Dich in die Nacht;
Doch höre mein Versprechen:
Den Kerker werd' ich brechen
Und wenn die Hölle wacht!

HEINRICH.

Nicht wird den Muth mir brechen
Des Kerkers finst'rer Schacht;
Doch daß in Thränenbächen

Ihr Auge nun wird brechen,
Ist mehr als Todesnacht!

BURGGRAF.

Wer's wagt für ihn zu sprechen,
Erzürnt des Kaisers Macht.
Solch Majestätsverbrechen
Kann nur vollgültig rächen
Des Todes ew'ge Nacht!

CHOR DER FÜRSTEN UND DEUTSCHEN RITTER.

Kein Fürst wird das ertragen,
Was seinen Rechten droht;
Darf er zu richten wagen,
Die Fürsten nicht mehr fragen,
So ist's der Freiheit Tod!

CHOR DER ÜBRIGEN.

Wie walten Schmerz und Zagen,
Wo Freude jüngst gebot,
Den Tag beschließen Klagen
Und neues Leid zu tragen
Weckt sie / uns das Morgenroth.

*Ende des ersten Aufzugs.*

# Zweiter Aufzug

Kerkerhalle mit einer Mittelthüre. Vorn zur Rechten des Zuschauers, in ziemlicher Höhe über einem steinernen Sitze, ein mit Gittern versehenes Fenster, welches auf den tief unten fließenden Rhein geht. Daneben ein geheimer Ausgang, durch ein Standbild verborgen. Zur Linken mehrere verschlossene Kerkerthüren. Etwas mehr nach der Mitte hin, über der Versenkung, eine eiserne Fallthüre.

## Erster Auftritt

HEINRICH *allein.*

*Arie.*

Der Strom wälzt ruhig seine dunklen Wogen,
Als wäre nichts gescheh'n;
Die Sterne glänzen an des Himmels Bogen,
Als ob sie nichts geseh'n.
Kann menschlich Weh' nicht ihre Ruh' gefährden?
Kein Mitleid ist im Himmel und auf Erden!

*Steht auf und verläßt das Fenster.*

Verseufzen wird sie nun Tag und Nacht,
Verweinen des liebenden Auges Licht.
Ich kann sie nicht trösten: wo ist die Macht,
Die eherner Mauer Schranken bricht?

34

O Erde, öffne dich! –
Verschling', begrabe mich!

*Man hört unter der Fallthüre ein heftiges Getöse, und gleich
nachher das Schloß derselben erbrechen.*

Was geht hier vor? – Ein Überfall!
Ein feiger Mord! – Wo fliehen? – Nein! – Unschuld
Und Fürstenwort gebieten mir zu bleiben.

## Zweiter Auftritt

*Heinrich. Theobald.*

*Theobald*

*Hebt mit großer Anstrengung die Fallthüre auf und drängt sich
heraus.*

HEINRICH.
  Du Theobald! –
THEOBALD.
  Beweinenswerther Herr!
  Ich hörte Eure Stimme; mit den Fesseln
  Sprengt' ich der Fallthür Schloß!
HEINRICH.
  Verloren Beide!
  Vater! das hast du gethan!

*Entfernter Trompetenschall und Trommelwirbel.*

STIMMEN *von Außen.*

    Öffnet, öffnet!

KERKERWACHE *ungesehen.*

    Wer da?

BURGGRAF *außerhalb.*

    Waibling!

HEINRICH.

    Ha, das ist des Todes Ruf! –

    Nimmer seh' ich Agnes wieder!

THEOBALD *händeringend umherspähend, stürzt er plötzlich auf das Fenster zu und erblickt den unten vorüberfließenden Rhein.*

    Der Rhein! – Ich wag's! – hinab! zu Eurem Vater!

    Ich rette Euch! – dem Himmel meine Seele!

HEINRICH

    Schütz' Du ihn, Gott! – Laß ihn sein Ziel erreichen!


## Dritter Auftritt


*Heinrich. Der Burggraf, ein Offizier. Wache.*


BURGGRAF.

    Haltet Wacht.

HEINRICH.

    Seid Ihr meines Schicksals Boten?

BURGGRAF *überreicht ihm einen schriftlichen Befehl des Kaisers.*

    Wählen dürft Ihr Euer Loos?

HEINRICH *die Schrift überblickend.*

    Wie? Verbannung? – und auf ewig,

    Wenn ich ihrer Hand entsage?

BURGGRAF.

    Oder Tod.

HEINRICH.

Fluch dem Tyrannen!

*Zerreißt die Schrift und wirft sie auf die Erde.*

Das ist meine Wahl!

BURGGRAF.

So sterbet!

*Er zerbricht einen kleinen weißen Stab über Heinrich.*

Geht, verkündet dies dem Kaiser.

*Der Offizier ab.*

BURGGRAF *zu Heinrich.*

Folget mir.

HEINRICH.

Wohin?

BURGGRAF.

Zum Tode.

HEINRICH.

Agnes! – ich schaut' in deinem Blick des
Paradieses Freuden!
Agnes! – nein, du darfst nicht weinen,
Daß so finstres Loos mich traf;
Denn ein Tag wird uns vereinen
Nach des Grabes kurzem Schlaf. –
Leb wohl, Geliebte! – fort, zum Tode fort!

WACHE.

Verrath! Bewaffnete! –

BURGGRAF.

> Die Fürsten sind's! – –
> Zum Tode, fort, durch den geheimen Ausgang!

*Nachdem Heinrich entfernt ist und er die Thüre geschlossen.*

> Ha, wüthet nur, mein Auftrag ist vollbracht!

## Vierter Auftritt

*Der Burggraf. Chor der Fürsten und Ritter.*

FÜRSTEN UND RITTER.

> Auf! sprenget, erbrechet Riegel und Pforten!
> Nichts widerstehe gerechter Wuth!
> Gebrochen ist Eid und Bund der Treue,
> Man trachtet frevelnd nach Fürstenblut.
> Nichts frommte Mahnung, nichts Bitten und Flehen!
> So übe Gewalt denn ihr Richteramt!
> Wo ist er? – suchet! er darf nicht fallen;
> Gebrochen ist Eid und Bund der Treue
> Wo Fürsten ein Wüthrich zum Beile verdammt!

BURGGRAF

> O Fürsten! wohin reißt Euch die Wuth?

FÜRSTEN UND RITTER.

> Wo hält der Tyrann sein Opfer verborgen?
> Sprecht, traf den Gefang'nen das blutige Loos?

BURGGRAF.

> Mich fraget nicht.

FÜRSTEN UND RITTER.

> Er muß noch leben! wir müssen ihn finden,

Und läg' er versenkt in der Erde Schooß.

BURGGRAF.

Nicht steh' ich Euch Rede.

FÜRSTEN

Sprich, blutiger Scherge, bei deinem Leben

Wo ist der Fürst? gieb ihn in unsre Macht.

BURGGRAF.

Ihr braucht Gewalt? – So wißt, er ist nicht mehr.

FÜRSTEN UND RITTER.

Nicht mehr?

BURGGRAF *auf den zerbrochenen Stab deutend.*

Dies war des Kaisers Spruch: er ist vollbracht.

FÜRSTEN UND RITTER.

O, That der Hölle! Rache für den Mord!


# Fünfter Auftritt


*Vorige. Der Kaiser. Philipp. Trabanten Diener mit Fackeln.*


KAISER UND PHILIPP *hereinstürmend.*

Halt ein! halt ein!

KAISER.

Der Aufruhr schweige!


*Zu den Fürsten.*


Wie? –

Ihr hier? – So schützet Ihr des Kaisers Recht? –

So schirmet Ihr das Reich wie Ihr geschworen? –

Ein Bund verwegener Empörer Ihr?

FÜRSTEN.

Empörer nicht, gekränkte Fürsten nur,

Die hindern wollten eine Schauderthat!

Doch weh, zu spät!

KAISER.

Zu spät?

*Zum Burggrafen*

Wo ist der Frevler?

FÜRSTEN.

Im Grabe suchet ihn.

KAISER *für sich.*

Es ist gescheh'n!

PHILIPP.

Im Grab! – unmöglich!

FÜRSTEN *auf den zerbrochenen Stab zeigend.*

Hier, des Todes Zeichen!

KAISER.

Wir ließen ihm die Wahl!

BURGGRAF.

Er wählte Tod.

PHILIPP.

O Gott! – mein theurer Freund! – mein Waffenbruder!

FÜRSTEN UND RITTER.

Unsel'ge That, die laut um Rache schreit!

*Waffengeklirr von Außen.*

KAISER.

Wie, Waffenklang? – Wer stürmt so frech herbei?

# Sechster Auftritt

*Vorige. Der König, mehrere Französische Ritter. Heinrich.*

KÖNIG.

Ich fand den Frevler auf dem Todeswege,

Und bring' ihn Euch zurück, denn er ist mein!

FÜRSTEN.

Wie, Heinrich lebt!

PHILIPP.

Er lebt! er lebt!

KAISER.

Ha, Fluch! – er lebt!

BURGGRAF.

Welch Mißgeschick!

HEINRICH.

Bemächtigt hat der Fremdling

Sich meiner freventlich, das Reichsgesetz verletzt.

KAISER *zum König.*

Ihr wagtet Herzog – –?

KÖNIG.

Ja, er darf nicht sterben,

Für mich und meine Rache muß er leben.

Er hat den König und das Volk der Franken

Geschmäht, beschimpft, und Rache darf ich fordern

Im off'nen Kampf mit ihm.

KAISER.

Des Frevlers Tod

Wird Eure Kränkung blutig an ihm rächen.

KÖNIG.

Kein Henkerbeil kann Frankreich würdig rächen.

Das Schwert nur kann's im ritterlichen Kampf!
Den fordr' ich laut in meines Königs Namen.
Hier ist des Kampfes Pfand.

*Er wirft seinen Handschuh hin und wendet sich dann an den
Kaiser.*

Vergönnt ihm Herr
Es aufzuheben.
FÜRSTEN.
Allzukühn, bei Gott! –
KÖNIG.
Jedwedem Tadler werd' ich Rede steh'n.
PHILIPP *den Handschuh aufhebend.*
In keinem Fall soll Euch der Gegner fehlen.
HEINRICH *zum Kaiser.*
Herr, eine Stunde Leben für die Rache!
FÜRSTEN.
Auch Deutschlands Fürsten treten in die Schranken.
KAISER.
Wohlan!

*Für sich*

ich täusche sie, mir bleibt mein Opfer.

*Laut.*

Der Kampf sei zugestanden, und es ende
Mit diesem ernsten Strauß das Ritterfest,
Zu dem auf morgen, Herzog, ich Euch lade.

*Zu Philipp.*

Dir sei so lang der Schuldige vertraut,
Du haftest mir für ihn mit Ehr' und Leben.

*Leise zu ihm.*

Dein ist er nun, laß' ihn nicht wieder sehen.
PHILIPP *für sich.*
    Wie, hab' ich recht gehört? ich soll ihn retten?
KAISER *heimlich zum Burggrafen.*
    Er wird entflieh'n; – Du greifst ihn und in Trifels –
BURGGRAF UND FÜRSTEN *erster zum Kaiser, letztere leise zu einander.*
    In Trifels –!
KAISER.
    Finde er den Tod.
FÜRSTEN.
    Den Tod!
BURGGRAF.
    So sei's.
KÖNIG *zu seinen Rittern.*
    Seid wach! laßt ihn nicht außer Acht!
KAISER *zum König.*
    Kommt, Herzog, den Vertrag jetzt abzuschließen.

*Zu den Fürsten.*

Ihr aber sollt heut nach dem Kampf erfahren
Was Euer Recht vor unserm Throne gilt;
Dann gleich mit unsers Heeres Kern nach Welschland!
Sicilien ruft uns und die Kaiserin!

*Zu Philipp.*

Du wirfst Dich mit der Vorhut auf den Löwen,
Ein Streich von Dir vernichtet seine Horden.


*Mit dem König, dem Burggrafen, den französischen Rittern und
dem übrigen Gefolge ab.*


PHILIPP.

O Mißgeschick! das mich dazu erwählt!


## Siebenter Auftritt


*Philipp. Heinrich. Chor der Fürsten und deutschen Ritter.*


MEHRERE FÜRSTEN *zu Heinrich.*

So ist dem Wüthrich denn dein Tod gewiß! – –
ANDERE FÜRSTEN *ebenso.*

Was Du beginnst, Du fällst in seine Schlingen! –
NOCH ANDERE.

Denn stirbst Du nicht durch Henkers blut'ge Hand,
Erwartet dich ein Kampf auf Tod und Leben.
Und bleibst Du Sieger, trifft Dich Meuchelmord.
HEINRICH.

Wie, Meuchelmord? – Wer darf den Frevel wagen?
ALLE.

Der Kaiser selbst. Wir alle hörten es.
Ja, Trifels, Tod, dies war die blut'ge Losung!
D'rum flieh', dein Leben rette!
HEINRICH.

Nimmerdar

Verletz’ ich Ritterehr’!

ALLE ÜBRIGEN.

Mit unsrem Blut

Vertheid’gen Alle wir dich in den Schranken!

HEINRICH.

Und meine Agnes? –

CHOR.

Stirbt in Klostermauern.

HEINRICH.

In Klostermauern? –

Zum Kampf, Burgunder-Herzog! – Rache! – Tod! –

PHILIPP.

Zu deinem Vater! – Hind’re Rache, – Tod!

CHOR.

Ha, Fürstenfreiheit! – blut’ge Rache! – Tod!


*Alle stürmen ab.*


*Verwandlung.*


*Die Kirche eines Frauenklosters. In der halben Tiefe der Bühne
befindet sich oben in der ganzen Breite derselben der Chor und
die Orgel. Unter jenen hindurch erblickt man den Hochaltar.
Zur Rechten ein Gitter von vergoldeten Eisenstäben.*

# Achter Auftritt

*Agnes. Der Erzbischof. Chor der Nonnen.*

*Hymnus.*

CHOR DER NONNEN.
> *En! clarescit oriens*
> *Luce matutina;*
> *Nox effugit innocens*
> *Gratia divina.*
> *Lucis ad dulcedinem*
> *Surgit creatura,*
> *Regem ineffabilem*
> *Salva laudatura.*

*Arie.*

AGNES
> Nein, König droben,
> Nicht kann dich loben
> Mein blutend Herz.
> Wie auch die Seele mag kämpfen und ringen,
> Gelähmt sind des Gebetes Schwingen;
> Es steigt nicht himmelwärts.
> Nein, König droben,
> Nicht kann dich loben
> Mein blutend Herz. –
> Dies Herz ist gebrochen,
> Die Thräne versiegt;
> Ach, mit dem Geliebten

Das Leben erliegt!

DER ERZBISCHOF

Verzweifelt nicht!

Seht, wie der Morgen durch das

Dunkel bricht;

Der ausgießt dieses Lichtes Wellen,

Kann Euer Schicksal auch erhellen.

AGNES.

Was frommt das Licht?

Er schaut es nicht.

O, Vater im Himmel! Dein ist die Macht:

Entreiß' ihn des Kerkers Nacht!

Dann will ich loben Dein heiliges Licht;

Jetzt kann ich's nicht!

CHOR DER NONNEN.

*Curam a mortalibus,*

*Arceas mordentem,*

*Manum tuam flentibus*

*Porrige potentem!*

ERZBISCHOF.

Vertrauet dem Ewigen! Sein ist die Macht:

Sein Wink befreit aus Kerkers Nacht.

Ihm fest vertrau'n ist heil'ge Pflicht!

Verzweifelt nicht.


## Neunter Auftritt


*Vorige, ohne den Chor der Nonnen, Irmengard.*


AGNES *zu Irmengard.*

Laß fest und fester Dich umschlingen!

Ich lebe nur in Deinem Arm!

IRMENGARD.

Geliebtes Kind! dahin ist jede Hoffnung!

Ich warf mich zu des Kaisers Füßen nieder,

Um Gnade flehend für das theure Haupt.

Doch zornig wies er mich aus seiner Nähe,

So bleibt mir nichts, als deinen Gram zu theilen!

AGNES

Ach! mir bleibt nichts, als kummervoll zu sterben!


# Zehnter Auftritt


*Vorige. Heinrich.*


HEINRICH *auf Agnes zueilend.*

Noch einmal seh' ich Dich!

IRMENGARD UND AGNES.

O Himmel Du bist / Heinrich frei!

AGNES. IRMENGARD. HEINRICH. ERZBISCHOF.

Gepriesen sei des Allbarmherz'gen Gnade.


*Terzett.*


HEINRICH *zu Agnes.*

Ja, statt des Kerkers Grauen

Dein Himmelsauge lacht,

Ich kann Dich wieder schauen,

Denn treue Freundschaft wacht.

AGNES.

O flieh! die Schergen nahen;

Sie neiden Dir das Licht.

Entflieh! sie wollen Dich fahen, – –
Nein, – weile, – ich lasse Dich nicht,

IRMENGARD.

O himmlische Macht der Stunden!
Jetzt lächelt, was jüngst uns gedroht;
Was wir im Glück nicht gefunden,
Das bietet uns plötzlich die Noth!

HEINRICH.

Vergessen ist und verschwunden,
Was finster uns bedroht;
Dich hab' ich liebend gefunden,
Was acht' ich Schergen und Tod!

AGNES.

Flieh', wenn Gefahren dir drohen,
So bricht in Angst mein Herz;
Ich sterb' auch, bist du entflohen,
Doch dann in milderem Schmerz!

AGNES UND HEINRICH.

Lass' uns vereinigt sterben,
Still ist des Grabes Port;
Und schön're Blüth' erwerben
Wird uns're Liebe dort.

IRMENGARD *für sich.*

O Gott, nicht lass' sie sterben!
Sprich aus das Lebenswort;
Mag ich im Sturm verderben,
Sei du ihr Schutz und Hort!


*Heinrich, auf das Heftigste bewegt, will abeilen.*


IRMENGARD *plötzlich wie inspirirt, hält ihn zurück.*

Halt!

*Für sich.*

Ein Gedanke, den der Himmel sendet! –

*Zu Heinrich.*

Ihr bleibt!

*Zu Agnes.*

Kein Schmerzensopfer sollst du bringen!

*Sie geht zu dem Erzbischof und spricht leise mit ihm.*

AGNES UND HEINRICH
    Was sagte sie? – Was wird sie unternehmen?
IRMENGARD
    Es sei gewagt, ich will es üben
    Das heil'ge Recht, das mir der Schöpfer gab!
    Die Klugheit muß der Mutterliebe weichen.
    Ihr sollt im Sakrament die Hand Euch reichen;
    Doch müßt Ihr dann der Trennung Loos ertragen,
    Bis sich der Himmel aufgeklärt.
AGNES UND HEINRICH.
    O, Seligkeit des Himmels sinkt herab!

*Der Erzbischof führt Agnes und Heinrich in die Seitenkapelle,
wo er während des folgenden Gebets Irmengards sie am Altare
vereinigt.*

*Quartett.*

50

IRMENGARD *betet während der Trauung.*

> Lass' deine Gnadenquelle fließen,
>
> Allmächtiger, auf der Lieben Haupt,
>
> Die jetzt den Bund der Treue schließen,
>
> Erfülle, was ich fromm geglaubt!

AGNES UND HEINRICH *welche von dem Erzbischof zurück in der Mutter Arme geführt werden.*

> Des Himmels Segen sinkt auf uns herab!

ERZBISCHOF.

> Des Himmels Segen sinkt auf Euch herab!

AGNES UND HEINRICH.

> Dank, Mutter, Dank!
>
> Die Seligkeit des Himmels füllt mein Herz!

IRMENGARD.

> Gott sei mit Euch! beruhigt ist mein Herz!

ERZBISCHOF.

> Gott sei mit Euch! Er flöß Euch Muth in's Herz!

AGNES UND HEINRICH.

> Lebe wohl! und Deines Schwurs gedenke!
>
> Ewig, ewig bist Du mein!
>
> Wie der Herr auch unser Schicksal lenke.
>
> Ewig, ewig bleib ich dein!

IRMENGARD UND ERZBISCHOF.

> Wie der Herr auch Euer Schicksal lenke,
>
> Mög er Frieden Euch verleih'n!

# Eilfter Auftritt

*Vorige. Philipp.*

PHILIPP *auf Heinrich zueilend.*

    Du säumst zu lang', – ein schweres Wetter tobt,

    Des Rheines Fluth, vom wilden Strom gepeitscht,

    Sperrt Dir den Weg in's Lager Deines Vaters.

    Nicht hältst Du mehr des Löwen Heer zurück;

    Das Volk in Angst strömt diesen Hallen zu.

AGNES UND IRMENGARD *zu Heinrich.*

    Hinweg! hinweg!

HEINRICH.

    Leb' wohl, mein süßes Weib!

PHILIPP.

    Sein Weib? – was hör ich! – –

IRMENGARD.

    Ja, ich hab's gewagt!

PHILIPP.

    Vermess'ne That, die zum Verderben führt!

    Entflieht!

AGNES UND IRMENGARD *zu Heinrich.*

    Leb wohl!

HEINRICH.

    Lebt wohl!

DER ERZBISCHOF.

    O eilet!

PHILIPP.

    Fort!

# Zwölfter Auftritt

*Vorige. Der König mit einem Theil der französischen Ritter.*
*Volk, welches von außen bis an das Gitter vordringt.*

KÖNIG *zu Philipp und Heinrich.*

Wohin? – Ihr bleibt!

*Final.*

So seid Ihr Bürge mit Ehre und Leben!

CHOR DES VOLKS *kniend.*

Entflammte Wetter

Verbreiten Tod!

Sei, Gott, uns Retter

In Drang und Noth!

Es kämpft mit Fluthen

Der Nacht-Orkan!

Es strahlt in Gluthen

Der Blitze Bahn!

CHOR DER NONNEN *hinter den Gittern des Chores.*

*Rex misericordiae,*

*Clemens vel irate!*

*Salva nos a fulgure!*

*Clemens nobis, Domine,*

*Sis in tempestate!*

PHILIPP.

So bin ich Bürge. Was suchet Ihr, Herr?

KÖNIG.

Den Feind, den Gefangnen, den frei Ihr gegeben,

Den ich hier finde zu neuer Beschimpfung,

Bei meines Königs erkorner Braut!

PHILIPP.

Ihr sollet beim Kampfe den Gegner nicht missen!

HEINRICH.

Fürwahr nicht. – Ihr sehnt

Euch nicht heißer nach Rache,

Als brennend mich dürstet nach Eurem Blut!

AGNES.

Ein Kampf! o Himmel!

IRMENGARD UND ERZBISCHOF.

O, Fülle der Leiden!

KÖNIG *zu Philipp.*

Ich traue dem Wort nicht; schon hab't Ihr's gebrochen.

PHILIPP.

Gebrochen? – Ich halte noch blutig Euch Wort.

KÖNIG.

Jetzt will ich Rache. – Auf! folgt mir zum Kampfe!

PHILIPP.

Erwartet die Stunde.

HEINRICH.

Sie kommt Euch zu früh.

KÖNIG.

Ergreift ihn, Ritter, und schleift ihn von hinnen!

PHILIPP.

Wer wagt es, zu nahen?

HEINRICH.

Wer trotzet dem Tode?

KÖNIG.

Ergreift ihn, befehl' ich!

PHILIPP UND HEINRICH.

So findet Ihr Tod!

*Alle ziehen die Schwerter. Unterdessen ist Volk beiderlei*
*Geschlechts vom Gitter aus in die Kirche gedrungen.*

DER ERZBISCHOF *vortretend.*

    Soll Kampf entweihen diese heil'ge Stätte?

IRMENGARD.

    Mit Blut sie beflecken? –

AGNES.

    Und weh! um mich!

HEINRICH UND PHILIPP.

    Zum Kampf! zum Kampf!

DER KÖNIG *zu seinen Rittern.*

    Zum Kampfe! zum Kampfe!

    Für Euren Herrn!

    Es war die Ehre

    Stets Frankreichs Stern!

    Die Ehre verletzet

    Ihr Übermuth:

    Auf! daß sie's büßen

    Mit ihrem Blut!

HEINRICH UND PHILIPP.

    Ihr freches Beginnen

    Uns All' entehrt;

    Darum entscheide

    Im Kampf das Schwert.

    Wenn sie nur hören

    Die blinde Wuth,

    So mag es büßen

    Ihr wildes Blut!

AGNES.

    Um mich entweihet

    Das Haus des Herrn!

Um mich, – o Jammer!
Wie stürb' ich so gern!
Ja, könnt' ich löschen
Des Zornes Gluth,
Der Zwietracht Flammen
Mit meinem Blut!

IRMENGARD UND ERZBISCHOF.

O Frevelthat!
Bejammernswerth!
Im Heiligthume
Gezückt das Schwert!
Erstickt, bezähmet
Die blinde Wuth,
Den Himmel reizet
Der frevele Muth!

CHOR DES VOLKES.

Entflammte Wetter
Verbreiten Tod!
Sei Gott uns Retter,
Im Drang der Noth!
Es kämpft mit Fluthen
Der Nachtorkan!
Es strahlt in Gluthen
Der Blitze Bahn!

CHOR DER NONNEN.

*Rex misericordiae,*
*Clemens vel irate!*
*Clemens nobis, Domine,*
*Sis in tempestate!*

*Im Augenblick, wo beide Partheien den Kampf beginnen wollen,*
*tritt der Erzbischof, welcher sich von einem der herbeigeeilten*

*Kappeläne das Kreuz hat geben lassen, zwischen sie, dasselbe emporhebend.*

ERZBISCHOF.

    Schaut den Richter in der Höh'!

    Fried' in Gottes Namen!

AGNES, IRMENGARD UND VOLK.

    Gnade Gott! – Erbarmen!

    Gnade Gott! uns Armen!

CHOR DER NONNEN.

    *Omnibus, o Domine,*

    *Dona pacem! Amen!*

ALLE

    Scheu't den Richter in der Höh'!

    Fried' in Gottes Namen!

*Ende des zweiten Aufzugs.*

# Dritter Aufzug

Vorhof des Frauenklosters. Zur Linken der Eingang in dasselbe. Zur Rechten eine breite Pforte, welche auf die Straße führt. In der Mitte, durch die mit einem eisernen Gitterwerk geschlossenen Bogen, die Aussicht auf den Rhein, der die Klostermauern umspült.

## Erster Auftritt

*Deutsche und französische Ritter. Troubadours und Frauen aus Irmengards Gefolge treten durch die große Pforte ein. – Agnes, von zwei Klosterschwestern begleitet, kömmt ihnen aus dem Eingange links entgegen.*

CHOR
> Du, Frankreichs königliche Verlobte,
> Folg' uns zu Hymens geschmücktem Altar!
> Wonne verbreiten wird dein Erscheinen
> Über des Volkes frohlockende Schaar!
> Liebreich empfangen vom mächtigen Kaiser,
> Sieh' seine Huld sich heute erneu'n,
> Und eines Königs zärtliche Liebe
> Jetzt deine Pfade mit Rosen bestreu'n!

AGNES.
> Hab't Mitleid, laßt in diesen Mauern
> Das Leben einsam mich vertrauern.

CHOR.
> Du, Frankreichs königliche Verlobte,
> Folg' uns zu Hymens geschmücktem Altar!

Wonne verbreiten wird dein Erscheinen
Über des Volkes frohlockende Schaar.

AGNES.

Was zwingt Ihr mich?

*Für sich.*

Und noch kömmt Heinrich nicht!

## Zweiter Auftritt

*Vorige. Irmengard.*

AGNES *die ihre Mutter eintreten sieht.*

O theure Mutter, komm' zu Hülfe mir!

IRMENGARD *zum Chor.*

Des Kaisers Wille soll sofort gescheh'n;

Doch geht voran, wir folgen Euch zum Feste.

Sie ist verwirrt, betäubt, und tief erschüttert;

Die Mutter nur kann ihre Schritte leiten.

CHOR.

Liebreich empfangen vom mächtigen Kaiser,

Sieh seine Huld sich heute erneu'n,

Und eines Königs zärtliche Liebe

Jetzt Deine Pfade mit Rosen bestreu'n!

*Ab.*

# Dritter Auftritt

*Agnes. Irmengard. Heinrich.*

HEINRICH

 Geliebte, komm! denn Alles ist bereit

 Zur Flucht; ich habe ein Asyl für Dich!

AGNES.

 Für mich allein? – und Du?

HEINRICH.

 Mich ruft die Ehre!

 Zum Kampf!

IRMENGARD.

 Du willst, mein Sohn –?

AGNES.

 Du könntest, Heinrich –?

HEINRICH.

 Ich will und kann, was Ehre mir gebeut

*Terzett.*

AGNES.

 Noch glänzt der erste Morgen unsers Bundes

 Und schon verlassen willst Du mich?

HEINRICH.

 Der Kampf

 Soll zeigen, daß ich Deiner würdig bin.

AGNES.

 Du kannst Dich nicht dem Arm der Lieb' entreißen,

 Um in den Arm des Todes Dich zu stürzen.

HEINRICH.

Soll ich auf ewig mich entehren?

AGNES.

Soll in Verzweiflung ich vergeh'n?

Denn wenn Du fällst, – o hab' Erbarmen! –

Bin ich des blut'gen Siegers Preis.

HEINRICH.

Laß nicht die Furcht Dein Auge trüben,

Ich kehre siegreich Dir zurück.

IRMENGARD

Ihr Beide müßt entflieh'n; denn schon beginnt

Das Schreckensfest, das mit dem Kampfe endet.

Der Bischof hat Befehl gleich nach dem Kampfe

Dich Agnes, dem Gesandten anzutrauen.

AGNES UND HEINRICH.

O herbe Qual!

IRMENGARD.

Ist Heinrich Sieger, soll

Schon morgen Philipp Dich nach Frankreich führen.

AGNES.

Wir sind verloren!

HEINRICH.

Fasse Dich!

IRMENGARD.

Noch kennt

Der Kaiser nicht den Frevel in der Kirche,

Denn der Gesandte schweigt, weil sein die Schuld;

Drum zögert nicht, es harret eine Barke

Mit treuen Dienern Eurer in der Bucht.

HEINRICH.

Mich ruft die Ehre!

AGNES UND IRMENGARD.

Ach!

IRMENGARD.

Soll in Verzweiflung sie vergeh'n? –

Denn wo Du fällst, – o hab' Erbarmen! –

Ist sie des blut'gen Siegers Preis!

AGNES.

Du kannst Dich nicht dem Arm der Lieb' entreißen,

Um in den Arm des Todes Dich zu stürzen!

HEINRICH.

Lass' nicht die Furcht Dein Auge trüben,

Ich kehre siegreich Dir zurück!

Ja, meines Vaters Heldenschaaren

Vertrau' fortan ich Dein Geschick!

Ihr tapf'rer Arm wird Dich bewahren,

Dann kehr' zum Kampfe ich zurück!

AGNES UND IRMENGARD.

Zu Deines Vaters Heldenschaaren

Geleit uns / Euch gnädig das Geschick,

Ihr tapfrer Arm wird uns / Euch bewahren,

Doch kehre nicht zum Kampf zurück!

IRMENGARD.

Euch folgt der treuen Mutter Segen,

Die hier verweilt in Angst und Schmerz!

AGNES UND HEINRICH.

Der Rettung eilen wir entgegen,

Aus Deinem Arm an's Vaterherz!

STIMMEN DER FRANZÖSISCHEN RITTER *von außen.*

Herbei zum Kampf, Du feiger Welfe!

IRMENGARD.

Hörst Du der Franken wildes Schmäh'n?

Sie rufen Dich zum blut'gen Feste!

HEINRICH.

Bald werden sie bereit mich seh'n,

Die blut'ge Schuld mit Blut zu rächen.

IRMENGARD.

O, wolle nicht den Kampf besteh'n!

AGNES.

Erhöre Deiner Gattin Fleh'n!

HEINRICH.

Der stolze Feind muß untergeh'n.

*Zu Irmengard.*

Lebt wohl! – bald ist's um ihn gescheh'n!

*Verwandlung.*

*Festlich geschmückter freier Platz außerhalb den Thoren von Mainz. Ganz vorn zur Rechten, der für den Kaiser errichtete Thron. Daneben hohe mit Bannern und Fahnen verzierte Tribunen für die Fürsten und Ritter von mächtigen Bäumen beschattet. Zur Linken ein für die Pfalzgräfin erhöhter Sitz und Tribunen für die Edelfrauen wie jene von der rechten Seite für die Fürsten. Im Hintergrunde die Schranken, welche die bereits versammelte Volksmenge von dem Kampfplatze trennt. Noch tiefer die Beste auf einem Berge, von der ein praktikabler Weg herabführt.*

# Vierter Auftritt

*Der Kaiser, der König von Frankreich, Philipp. Die deutschen Fürsten und Ritter, französische Ritter, Troubadours, Kampfrichter, Herolde, Trabanten, Volk. Später Irmengard mit ihren Frauen.*

ALLGEMEINER CHOR

    In gold'ner Pracht der Himmel glänzet;

    Der heit're Frühling schmückt und kränzet

    Mit duft'gen Blüthen Hain und Flur,

    Gesang erfüllte Lüfte wehen,

    Ein Fest der Freude zu begehen

    Scheint heut' die blühende Natur.

    Doch mit dem Glanz des Frühlings streitet

    Das ernste Fest das sich bereitet,

    Ein Fest des Muthes und der Kraft.

    Denn heiß nach Siegesruhm verlanget,

    Die hier in stolzen Waffen pranget,

    Die Blüthe deutscher / fränk'scher Ritterschaft.

KAISER.


*Recitativ.*


    Ihr Krieger meines Reichs! so wird denn morgen

    Der deutsche Adler seine Flügel schwingen,

    Und unser Banner in den Lüften weh'n!

    Ja, morgen spiegelt sich der Sonne Bild

    Auf uns'rer Eisenbrust, auf Schwert und Schild!

    Indeß wir fern wird wohl mein mächt'ger Freund,

    Der König Frankreichs, die Rebellen zügeln.

KÖNIG.

Der König wird, ich schwör's, die Meut'rer strafen.

IRMENGARD

Vergebt, o Herr! daß Agnes noch Ergebung

Von Gott erfleht am Fuße des Altars.

KAISER.

Stets widerstrebend unserm höchsten Willen.

*Zu Philipp.*

Den Erzbischof, die Braut, und ohne Säumen.

IRMENGARD *leise zu Philipp, indem er an ihr vorübergeht.*

Schon sind die Theuern fern.

PHILIPP

Mein bleibt der Kampf.

*Eilt ab.*

KAISER.

Indeß beginne Tanz und kühnes Waffenspiel,

Es sei ein Vorbild uns'rer blut'gen Kämpfe,

Womit voll Zorn, jetzt Welschland wir bedroh'n.

*Ballet.*

*Kampfspiele und Tanz der Ritter und Edelfräuleins.*

KAISER *nachdem der Tanz geendet.*

So sei denn jetzt der jüngst entstandne Hader

Der edlen Fürsten von Burgund und Braunschweig,

Nach Sitt' und Recht, im ernsten Kampf geschlichtet.

Wo ist der Gegner? – offen ist die Bahn!

KÖNIG

Und wo ist der, der trotzig für ihn bürgte?

## Fünfter Auftritt

*Vorige. Philipp.*

PHILIPP *kehrt mit einigen deutschen Rittern zurück.*

Hier, stolzer Herzog, hier ist euer Pfand;

Ich hob' es auf, und mein ist dieser Kampf.

KÖNIG.

Ich habe nichts mit Euch.

PHILIPP.

Doch ich mit Euch.

KAISER.

Hinweg, Vermeß'ner! – fort, bei meinem Zorn!

Wo bleibt der Frevler, den ich Dir vertraut?

PHILIPP.

Ihr wißt es ja.

KAISER *für sich.*

Es ist gescheh'n! – er starb!

PHILIPP.

Von Eurer Huld erfleh' ich: laßt zuvor

Mich mit dem Herzog kämpfen.

KAISER.

Nimmermehr.

KÖNIG.

Vergönnt es ihm, erhabner Herr; mich zwingt

Die Ehre Frankreichs, dies von Euch zu fordern.

KAISER.

Strafbarer Bruder! Nun wohlan, es sei!

ALLGEMEINER CHOR *leise zu einander.*

> Das Unglück hat, wie uns geahnet,
> Zum Feste sich den Weg gebahnet,
> Und mischt sich in den Freudentanz.
> Was hell begann wird finster enden;
> Wohin sich auch die Blicke wenden,
> Erloschen ist des Festes Glanz.

KAMPFRICHTER.

> So, – jetzt sind Wind und Sonne gleich getheilt;
> Nun schwört, daß Ihr nicht Zauber waffen führet.

KÖNIG UND PHILIPP.

> Wir schwören!

KAMPFRICHTER.

> Daß Ihr keine finstre Macht
> Um Beistand angerufen habt.

KÖNIG UND PHILIPP.

> Wir schwören!

KAMPFRICHTER.

> So streitet denn, wie's frommen Rittern ziemt,
> Und dem Gerechten gebe Gott den Sieg!

IRMENGARD *zum Kaiser.*

> O, laßt dem Schreckensanblick uns entflieh'n!

*Mit dem Chor der Frauen.*

Ha, laßt ihn enden diesen blut'gen Kampf!

# Sechster Auftritt

*Vorige. Agnes. Heinrich, von französischen Rittern begleitet.*
*Später ein schwarzer Ritter. Dann der Erzbischof.*

CHOR DER FÜRSTEN UND RITTER *sobald sie Heinrich erblicken.*

Er ist's, er kommt!

CHOR DER FRAUEN.

Die Fürstin ist's!

DIE FRANZÖSISCHEN RITTER.

Wir fanden auf der Flucht dies Paar,

Schon im Begriff, sich einzuschiffen.

HEINRICH.

Ich flieh'n? Ihr lügt!

Nur mein ist dieser Kampf!

KÖNIG.

Ha, endlich Feiger!

KAISER *für sich.*

Teuflischer Verrath!

AGNES

O Mutter hilf!

IRMENGARD.

Weh! hier mein armes Kind!

DER SCHWARZE RITTER.

Wohl mir! noch ist es Zeit!

DIE FRANZÖSISCHEN RITTER *zu einander.*

Habt Acht auf unsern königlichen Herrn!

Ihm droht Gefahr! – die Faust an's Schwert!

DIE DEUTSCHEN RITTER.

Der Welfe siegt! – die Franken sind ergrimmt!

Mit Vorsicht schaut umher, uns droht Verrath!

KÖNIG. *dessen Schwert im Kampfe zerspringt.*

Ein Schwert! ein Schwert!

HEINRICH.

Du stirbst!

DIE FRANZÖSISCHEN RITTER *zu Heinrich.*

Zurück!

Der König ist's!

ALLE.

Wie? – Frankreichs König?!

KAISER.

Wie? – darf ich's glauben? – In dem Abgesandten

Seh' ich den König selbst? –

KÖNIG.

Ich bin's.

Vergebt! – Ich wollte ungekannt,

Der Fürstin Liebe mir gewinnen.

HEINRICH.

Den Retter meines Lebens wollt' ich morden? –

KÖNIG.

Ja, undankbarer, ehrvergess'ner Fürst!

HEINRICH.

Vergebung, hoher Herr, ich sah Euch nie,

Und wußte nicht, daß Ihr der König seid!

KAISER *zum König.*

Wie gleich ich aus, was Euch geschehn?

AGNES *zum König flehend.*

Vergebet ihm, o sprecht ein Wort der Gnade!

Er fehlte unbewußt, bereut die That.

HEINRICH.

Vergebet mir! o sprecht ein Wort der Gnade!

Ich fehlte unbewußt, bereu' die That!

KAISER.

Wie? – sollt er ihm die Frevelthat vergeben? –
Doch nein, sie fordert des Verräthers Blut!

KÖNIG *für sich.*

Und wäre Schwäche nicht solch' eine Gnade? –
Doch soll mit ihm auch Agnes untergehn? –

IRMENGARD, PHILIPP UND CHOR.

Es ist um ihn geschehn, wenn nicht die Gnade
Des Königs ihm erläßt die schwere Schuld!

DER KAISER *zu Agnes.*

Hinweg mit Dir!

AGNES.

So wißt, – ich bin – –

KAISER.

Hinweg, die schmachvoll sich entehrt! –

HEINRICH.

Entehrt?!

ALLE.

Weh' ihr! entehrt!

AGNES.

Weh' mir!

KÖNIG *zum Kaiser.*

Ihr seid zu streng!

PHILIPP.

Weh' ihr!


*Für sich.*


Grausamer Bruder!

IRMENGARD.

Wer sagt entehrt? – nicht schweig' ich länger; –
Die Ehre will's. – Sie ist vermählt.

70

ALLE.

Vermählt?!

HEINRICH.

Mit mir im Angesicht des Herrn!

KAISER.

Ha, neuer Trug mich zu berücken!

DER ERZBISCHOF.

Mit Heinrich, den ihr Herz gewählt,

Vereinte sie des Himmels Segen.

KAISER.

Vermess'ner Priester! zitt're vor des Kaisers Zorn!

ERZBISCHOF.

Der Gottgeweihte steht in Gottes Hand!

IRMENGARD.

Nur ein Tyrann kann glauben,

Es sei so leicht, ein Kind der Mutter rauben;

Sie lasse stürzen in ein frühes Grab

Das einz'ge Kind, das ihr der Himmel gab!

KAISER *auf Agnes zeigend.*

Hinweg mit ihr! In Klostermauern

Soll sie des Lebens Rest vertrauern.

ALLE.

Welch Schreckenswort!

KAISER.

Auf, reißt sie fort!

KÖNIG *zum Kaiser.*

Hemmt Euern Zorn!

IRMENGARD.

O Tyrannei!

*Zum Kaiser.*

Ihr mordet hier das Kind dem Vater
Der fern für Euch sein Leben wagt.
DIE FÜRSTEN *zum Kaiser.*

In Welschland für Siciliens Thron.
IRMENGARD.

Ha, Fürsten, könnt Ihr das erdulden?
Fluch ist es, Mutter dann zu sein!


*Agnes umschlingend.*


Doch wag' es Einer, sie ist mein!
KAISER.

Und bleibt es auch; wie ihr Verschulden
Theilt auch ihr Loos.
KÖNIG.

Ha, blinde Wuth!
FÜRSTEN.

Wir dulden's nicht. Es fließe Blut.
KAISER *zu den Fürsten.*

Ihr Meut'rer zittert! Euch zum Hohn
Empfange Heinrich den verdienten Lohn.
Er sterbe! – fort!


*Die Trabanten schreiten vor, um Heinrich zu ergreifen, und
ihm sein Schwert zu entreißen. Der schwarze Ritter faßt zornig
an das seine. Agnes sinkt bewußtlos in ihrer Frauen Arme.*


ALLE.

Welch' blut'ger Hohn!
FÜRSTEN *zum Kaiser.*

Ihr habt Euch selbst den Stab gebrochen.

KAISER.

Das Todeswort habt Ihr gesprochen!

KÖNIG.

So werden Eide hier gebrochen?

IRMENGARD UND ERZBISCHOF.

Welch' schwarzer Tag ist angebrochen!

PHILIPP.

Welch frevelnd Wort ward ausgesprochen!

FÜRSTEN UND DEUTSCHE RITTER.

Ha, widerruft den Blutbefehl!

KAISER.

Trabanten auf! –

FÜRSTEN UND DEUTSCHE RITTER *die Schwerter gegen die Trabanten ziehend, die auf sie eindringen wollen.*

Blut dann für Blut!

DIE ÜBRIGEN MIT DEN FRAUEN.

Hemmt Eure Wuth!

HEINRICH *zu den Fürsten, von denen mehrere gegen den Kaiser vordringen, indem er mit gezogenem Schwert vor ihn tritt, um ihn zu schützen.*

Erst soll, wer ihn berührt, mein Blut verspritzen!

FÜRSTEN UND DEUTSCHE RITTER *zu Heinrich.*

Wie? – der Dich morden will, den willst Du schützen?

PHILIPP.

Treu bleibt er, wo man heil'ge Eide bricht!

KAISER *das Schwert ziehend.*

Rebellen! weicht zurück! – – –

HEINRICH *zu den Fürsten.*

Ja, freudig geb' ich hin mein Haupt, daß Ihr
Dem Kaiser nicht die Fürstentreue brecht.


*Mit tiefster Wehmuth den Blick gen Himmel gerichtet.*

O theurer Vater! – O geliebte Gattin! –
Lebt ewig wohl!

*Schreitet entschlossen auf die Trabanten zu, um sich ihnen zu*
*übergeben.*

Jetzt fort zum Tode!
DER SCHWARZE RITTER.

Nein, nicht zum Tode; bleib!
AGNES.

Gott! – – –
HEINRICH

Mein Vater!
KAISER.

Verruchte Frevler!
ALLE.

Ha, der Löwe!
HEINRICH DER LÖWE.

Seht hier den Schreckensboten, der im Lager
Verkündete mir Euren Blutbefehl,
Dem nach mein Sohn dem Henkerbeil verfallen!
HEINRICH DER SOHN UND THEOBALD.

Gerettet hat Dich / mich Gott!
HEINRICH DER LÖWE.

Und zweifelt Ihr, daß in der Brust des Löwen
Das Vaterherz sich regte? daß wie Sturmwind
Mit seiner Heldenschaar er kühn herbeiflog? –
Indeß Ihr hier bei'm blut'gen Feste weilt,
Hat Mainz die Thore meinem Heer geöffnet!
Ihr seid in meiner Macht!
KAISER.

Ha, stirb Verruchter!

74

# Siebenter Auftritt

*Vorige. Burggraf.*

BURGGRAF.

> Entflieht, erhab'ner Herr, o rettet Euch!

> Es hat Verrath die Welfen eingelassen!

HEINRICH DER LÖWE.

> Ja, seht des Löwen Schaar!

KAISER.

> Maaßloser Frevel!

> Mein Thron! mein Thron!

FÜRSTEN UND DEUTSCHE RITTER *zu einander.*

> Ha, endlich unterliegt er!

> Gebeugt ist der Tyrann, der alle Rechte

> Mit Füßen tritt, die Unschuld unterdrückt, –

> Jetzt straft der Himmel ihn!

FRAUEN UND FRANZÖSISCHE RITTER *unter sich.*

> Es unterliegt der Kaiser!

> Gebeugt ist seine Macht, der tapf're Löwe

> Hat ihn besiegt. – Die Unschuld tritt an's Licht! –

> Der Himmel schütze sie! –

KAISER.

> Mein Heer .... in Welschland .... fern .... rings Feinde nur ....

> Verrathen ich! .... verlassen und gefangen! ....

> Entthront! .... entthront! .... ein Hohenstauf' entthront! ....

HEINRICH DER LÖWE

> Nein, voll Bertrauen, Herr, legt hier der Sieger,

> Euch huldigend, sein Schwert zu Euren Füßen!

> Den edlen Sohn nur wollt' ich mir erringen;

> Mein ist er wieder: nehmt ihn jetzt zurück. –

Ihr zieht nach Welschland hin zu neuem Streit,
Auch unser Arm sei Euch fortan geweiht.

HEINRICH DER SOHN.

Der edle König nur ist mein Gebieter.
Ich floh' aus Eurer Haft, den blut'gen Streit
Des Vaters mit dem Kaiser zu verhindern.
Es ist geglückt. – Gefang'ner bin ich wieder
Und folge Euch zu büßen mein Vergeh'n.

ALLGEMEINER CHOR.

O, Edelmuth! – O, welch ein Sohn!

KÖNIG.

An meine Brust! – längst hab' ich Euch vergeben!
Auch Euer Kaiser spricht Euch frei, und gern
Genehmigt er den Bund mit Eurer Agnes.
Euch und dem Vater öffnet er die Arme!

FÜRSTEN UND DEUTSCHE RITTER *zu einander auf den Kaiser
zeigend.*

Seht, unversöhnlich ist sein wilder Haß!

ALLE ÜBRIGEN *zum Kaiser.*

Übt Gnade, Herr! das macht dem Himmel gleich!

KAISER.

So sei denn Fried' und Freundschaft zwischen uns!
Ja, was der Himmel schon verbunden,
Verbinde nun auch uns're Huld!

ALLE.

Heil! dem erhab'nen Kaiser Heil!

KAISER *zu den Fürsten.*

Wie Ihr bereuet werd' ich sehen
In Welschlands blut'gem Streit.

FÜRSTEN.

Laßt heute noch die Fahnen wehen
Wir sind bereit!

SCHLUSS-CHOR.

    Erhebet die Fahnen,
    Bald rufen die Klänge
    Der Kriegestrompete
    Zum blutigen Tanz!
    Erhebet die Fahnen!
    Ergreifet die Waffen!
    Es blühet im Süden
    Der Siegerkranz!

*Ende der Oper.*

# Biographie

| | |
|---|---|
| **1784** | *21. Mai:* Ernst Benjamin Salomo Raupach wird in Straupitz bei Liegnitz, Niederschlesien, geboren. |
| **1801** | Er studiert Theologie, Ästhetik, Mathematik und Geschichte in Halle. |
| **ab 1804** | Raupach ist als Hauslehrer in Petersburg und Moskau tätig. |
| **1816–1822** | Er wirkt als Ordinarius für allgemeine Weltgeschichte an der Petersburger Universität. |
| **1823** | Raupach kehrt nach Deutschland zurück, zunächst nach Weimar, ein Jahr später nach Berlin. Als Dramatiker verfaßt er über 100 Dramen, besonders historische Dramen und Possen, die in den folgenden Jahrzehnten vielgespielte Stücke auf deutschen Bühnen werden. |
| **1852** | *18. März:* Ernst Raupach stirbt in Berlin. |